# Atrevete a Creer La Palabra de Dios

*Dare To Believe the Word of God*

REV. VICTORIA JUSTINIANO

WESTBOW
PRESS®
A DIVISION OF THOMAS NELSON
& ZONDERVAN

Puede hacer pedidos de libros de WestBow Press en librerías o poniéndose en contacto con:

WestBow Press
A Division of Thomas Nelson & Zondervan
1663 Liberty Drive
Bloomington, IN 47403
www.westbowpress.com
844-714-3454

Debido a la naturaleza dinámica de Internet, cualquier dirección web o enlace contenido en este libro puede haber cambiado desde su publicación y puede que ya no sea válido. Las opiniones expresadas en esta obra son exclusivamente del autor y no reflejan necesariamente las opiniones del editor quien, por este medio, renuncia a cualquier responsabilidad sobre ellas.

ISBN: 978-1-6642-7919-3 (tapa blanda)
ISBN: 978-1-6642-7920-9 (tapa dura)
ISBN: 978-1-6642-7918-6 (libro electrónico)

Número de Control de la Biblioteca del Congreso: 2022917846

Información sobre impresión disponible en la última página.

Fecha de revisión de WestBow Press: 10/12/2022

# Contents

## English Authors

# Introducción

## Introduction

Quiero agradecer a Dios por haberme inspirado a través
de su Espíritu Santo y al programa Oasis Mañanero.

Espero que este libro sea de bendición y guía
espiritual en nuestro diario caminar con Dios.

\*\*\*\*\*\*\*\*\*\*\*

I would like to give thanks to God for inspiring me through
the Holy Spirit and the Radio Program "Oasis Mañanero."

I pray that this book will be a blessing and spiritual
guidance for our daily walk with God.

# Dedicatoria

*Dedication*

Doy gracias a Dios por darme esta oportunidad de llevar este proyecto hasta el final para su gloria y honra.

Le dedico este libro a Dios, a mi esposo Rubén Justiniano, a la Iglesia Ágape y a Oasis Mañanero por la inspiración radial que hizo esta visión una realidad.

Gracias a los hermanos contribuyentes que hacen este programa posible.

*******

I would like to give thanks to God for bringing this project to the end. For his Glory and Honor.

I dedicate this book to God, my husband Ruben Justiniano, Agape Church, and Oasis Mañanero.

I want to also thank the sponsors of this program for their faithful giving.

# Reconocimientos

*Acknowledgments*

Quiero darles las gracias a las personas
contribuyentes a este proyecto.

Atrévete a Creer en la Palabra de Dios

I want to appreciate those who contributed to this project

Dare to Believe the Word of God

\*\*\*\*\*\*\*\*\*

Pastor Rubén y Victoria Justiniano

Pastor Virgilio Jr. y Jeanette Ríos

Pastor Fernando y Ruth Miranda

Pastor Alberto Jr. y Denora Rodríguez

Pastor Virgilio Ríos Sr. y Gloria Ríos

Elder Zoraida Rodríguez y Ministro Denora Reynoso

# Autores

*Authors of the Book*

Rev. Victoria Justiniano

Rev. Rubén Justiniano

Rev. Th. D.M.P. Virgilio Ríos Sr.

Rev. Virgilio Ríos Jr.

Rev. Jeanette Ríos

Rev. Gloria Ríos

Rev. Ruth Miranda

Obispo Fernando Miranda

Rev. Alberto Rodríguez Jr.

Rev. Denora Rodríguez

Min. Denora Reynoso

Elder Zoraida Rodríguez

# ¡Atrévete a Creer la Palabra Dios!

### Rev. Virgilio Ríos Sr. Th. D. M.P.

Comencemos con el significado de estas tres palabras del título de este libro.

1.  **Atrévete**: Esta palabra demanda acción. Es un desafío que demanda sacrificio, coraje, determinación y estar dispuesto a perderlo todo para ganarlo todo pensando siempre que el trabajo en el Señor no es en vano si no que existe un gran galardón (Ap. 22:12- Mt. 25:21,23 LBLA).

    Este libro es un proyecto con alas, con obra y gesto. ¡Atrévete a volar! Es una experiencia que nunca imaginaste. A medida que sigas caminando en fe te darás cuentas de que has hecho cosas que nunca creías que ibas hacer. ¡Adelante! No estarás nunca solo (Mt.28:20 LBLA).

2.  **Creer:** para entender esta palabra tenemos que ir a la Biblia que indica que "la certeza de lo que se espera y la demostración de lo que no se ve" (Hebreos11:1:) es fe en

Dios. Para creerle a Dios tienes que creer que Él es real y que aunque no le veas existe.

Antes de creerle a Dios el enemigo te va a llenar de dudas. Ata todo pensamiento y somete todo principado, autoridad, poder, dominio y todo nombre que se nombra, no solo en este mundo sino también en el venidero y llévalo cautivo en el nombre de Jesús. Recuerda que tú eres su cuerpo, la iglesia, la plenitud de aquel que lo llena todo en todo.

3. **La Palabra:** Para entender el significado y la importancia fundamental de la comprensión de la palabra tenemos que ir a la fuente. "Toda la Escritura **es** inspirada por Dios, y útil para enseñar, para redargüir, para corregir, para instruir en justicia, a fin de que el hombre de Dios sea perfecto, enteramente preparado para toda buena obra." (2 de Timoteo 3:16-17 LBLA).

En este pasaje he dado énfasis a la palabra *es*, la cual, como probablemente sabemos se usa para identificar, caracterizar o describir algo. De acuerdo con el pasaje anterior, la Biblia o la Escritura es inspirada por Dios o, como dice el texto en griego, por el aliento de Dios. Esto quiere decir que la Palabra es Dios mismo, significa que el autor de la Biblia es Dios, quien la inspiró y la produjo. Por lo tanto la Biblia es la palabra de Dios.

Si la obedeces, la Palabra tiene la utilidad para enseñarte, redargüirte, corregirte y para instruirte en justicia para que no tengas excusas cuando estés delante de su presencia.

La palabra de Dios es alimento para tu vida, Jesús dijo. De acuerdo con este pasaje, para hacer de tu vida una vida en abundancia y no solo sobrevivir, necesitas este verdadero alimento que es "toda palabra que sale de la boca de Dios".

"Desead, como niños recién nacidos, la leche spiritual no adulterada, para que por ella crezcáis para salvación. (1 Pedro 2:2 LBLA)

La Palabra de Dios es la verdad, lo más engrandecido de Dios, alimento para la vida, leche para el crecimiento espiritual, fuente de gozo, lámpara a nuestros pies; útil para enseñar, para corregir, para instruir en justicia, muy pura. Si meditamos en La Palabra seremos: a) bendecidos, b) como árbol plantado junto a corrientes de agua, c) próspero en todas las cosas que hagamos y, c) prudentes.

"Escrito está: No solo de pan vive el hombre" (Mateo 4:4 LBLA).

4. **Dios:** Es eterno, el Alfa y la Omega. Es Omnisciente, Omnipresente, Omnipotente, todo amor, todo perdón, todo misericordia. En El reposa el espíritu de sabiduría y de inteligencia, espíritu de consejo y de poder, espíritu de conocimiento (Is.11:2 LBLA).

Con todo esto que te he dicho de nuestro soberano Dios tal vez tengas duda de atreverte a creerle a Dios, pero este libro no se centra en el miedo, se centra en la esperanza.

Estoy convencido de que tal vez escogiste este libro porque te asustaban las noticias relativas al mal en el mundo. Lo tienes en tus manos porque necesitas esperanza para hoy, mañana y siempre.

Cada capítulo de este libro está impregnado de un mensaje de esperanza inspirado por el Espíritu Santo, a través de hombres de fe y compañeros en el ministerio. Pero lo mejor que tiene es la revelación de la palabra de Dios para que te atrevas a creerle a Dios.

Me identifico con el título de este libro porque soy testimonio de las veces que he tenido que atreverme a creerle a Dios. Para la gloria de Dios un corto testimonio. Soy ministro ordenado desde el año 1980. He pastoreado varias iglesias, pero después de un receso, Dios me hizo un llamado. En el año1998 el promotor de las Iglesias hispanas me informó que había una iglesia en Springfield, MA. Lo único que yo conocía de Springfield era el programa de los Simpson.

Aunque corramos de Dios "los dones y el llamamiento de Dios son irrevocables" (Romanos 11:29 LBLA).

Mi esposa y yo teníamos muy buenos trabajos y estábamos económicamente muy bien. El promotor me llamó a las doce de la noche y me dijo que si había pensado lo que hablamos. Yo le contesté: «Usted sabe que yo no le digo que no al Espíritu Santo», y nos fuimos a pastorear. Antes de eso el Señor me había dado la escritura de Mateo 19:29 LBLA y nos atrevimos a creerle a Dios y nos dio la victoria. Pasamos 18 años gloriosos viendo la manifestación y los milagros de Dios en nuestra iglesia. Surgieron varias iglesias con las que todavía nos comunicamos y nos gozamos porque el trabajo en el Señor no es en vano.

Hay pandemias, dolor, sufrimiento, tristezas y muchas lágrimas que atormentan este mundo. Estas calamidades afligen a cientos de miles de personas, pero los que esperan en el Señor tienen esperanza porque las armas de nuestra guerra son espirituales, no terrenales ni carnales.

1. Hay poder en la oración.

2. Hay poder en la palabra de Dios.

3. Hay poder en el evangelio de Jesús.

Haz uso de estas tres herramientas y atrévete a creer en la palabra de Dios.

Dios te bendice rica y abundantemente.

Pastor Virgilio Ríos Sr. Th. D.

# Atrévete a Creer la Palabra de Dios

Rev. Victoria Justiniano

Es importante creer la palabra de Dios ya que ella es la guía de nuestro caminar mientras estemos en este mundo.

Durante mi vida he podido comprobar que sin la ayuda de Dios esta jornada sería bien difícil y más bien imposible.

Digo esto porque en este mundo día tras día se pone peor y más difícil vivir una vida cordial, segura y más aún, espiritual. Por ende he podido percibir que se necesita una guía para ayudarnos a estar en paz y esa ayuda es la palabra de Dios.

En la palabra de Dios podemos encontrar las riquezas que todos necesitamos y la ayuda para vivir una vida espiritual. La palabra nos lleva a un lugar seguro, donde podemos aprender a usar nuestra fe en cualquier circunstancia. Es por eso por lo que he sentido de parte de Dios recopilar diferentes experiencias de diferentes ministros para así escribir acerca de la palabra y la fe en Dios.

¿Nos preguntamos tal vez por qué es tan importante la palabra de Dios? Déjame explicártelo.

La palabra de Dios en primer lugar es palabra de vida y fue inspirada por Dios, por ende, es la voz de Dios, hablándote cuando la lees.

El salmista describe la palabra, "como miel al paladar". Como si fuera una fuente de azúcar que puedes saborear. "Deseables son más que el oro y más que mucho oro afinado. Y dulce más que miel. Y que la destila del panal". (Salmo 19:10)

Cuando se lee la palabra y meditamos en ella trae satisfacción y seguridad en saber que no estamos solos ni desamparados.

Qué bella es la palabra de Dios. Algunos se refieren a la palabra como un libro aburrido y de mucha genealogía y dejan de leerla simplemente por eso. Si tan solo supieran que es la palabra la que refresca su alma y que es guía para su vida. El salmista describe: "Lámpara es a mis pies tu palabra y lumbrera a mi camino" (Salmos 119: 105).

El salmista estaba comparando a la palabra de Dios con una lámpara porque había encontrado en ella luz para dirigir su vida en medio del meollo de su dilema.

La palabra inspira fe para creerle a Dios en todo lo que dice. Es a través de la palabra que la fe es impartida a ti para creer y hacer de tu vida una vida victoriosa.

Nos preguntamos muchas veces ¿por qué no he recibido de Dios como los demás? ¿Cómo que mis oraciones no son escuchadas? ¿Será que no soy digna o digno? O a lo mejor no me lo merezco. Estas son algunas exclamaciones que yo he escuchado de personas que no están claramente en la palabra de Dios.

La mente humana está condicionada a los cinco sentidos: ver, tocar, oler, gustar y oír. No obstante, en el mundo espiritual es muy diferente. Se reemplaza esos sentidos y comenzamos a usar fe. "Porque el Evangelio de Justicia de Dios se revela por fe y para fe. Como está escrito más el justo por la fe vivirá." (Romanos 1:17)

Es importante entender la palabra de Dios para poder percibir lo que la misma quiere decirnos. La palabra *fe* significa creer en algo que tú no ves pero crees que está y esa creencia te lleva a la acción. O sea que cuando entiendes te inclinas a orar creyendo, reconociendo que la fe mueve a Dios y tus oraciones son escuchadas y comenzarás así a vivir una vida de alegría, amor, paz y prosperidad. Entenderás que eres heredero de todo lo que Dios ha provisto a través del sacrificio de Jesús en la Cruz del Calvario.

## Prosperidad

Prosperidad no es solamente tener mucho dinero. "Que guarde los mandamientos es Jehová y sus estatutos que yo te prescribo hoy para que tengas prosperidad (Deuteronomio10:13). "Amado yo deseo que tú seas, prosperado en todas las cosas y que tengas salud, así como prospera tu alma (3 Juan 1:2). O sea que eres prosperado en todas las cosas. Tenemos que entender que Dios quiere que nosotros tengamos todo lo que necesitamos. Eso se llama prosperidad. La verdadera prosperidad surge cuando un ser humano reconoce que necesita un Salvador. Ese Salvador es nada menos que Jesucristo, nuestro Señor. Surge cuando reconocemos que sin Dios no hay nada, cuando nos humillamos y dejamos que el Espíritu Santo de Dios dirija vuestras vidas ahora en el presente y en el futuro.

Cuando hacemos eso y comenzamos a creer en Dios, fe es impartida a nosotros. La palabra dice que una medida de fe ya fue dada a nosotros. "Digo, pues por la gracia que me es dada a cada cual que está entre vosotros, que no tenga más alto concepto de sí, que el que debe tener, sino que piense de sí con cordura conforme a la medida de fe que Dios repartió a cada uno." (Romanos 12: 3)

Entonces tenemos que sembrar esa medida de fe en terreno fértil. ¿Cuál es el terreno fértil? La palabra de Dios. Puedes tener la garantía de Dios que vas a ver resultados en tu vida y no vas a ser igual.

"Porque la palabra de Dios es viva y eficaz, y más cortante que toda espada de dos filos y penetra hasta partir el alma y el espíritu, las coyunturas y los tuétanos y descienden los pensamientos y las intenciones del corazón." (Hebreos 4: 12) Esa palabra nos ayuda a vivir libre de toda maldad y de nuestra antigua manera de vivir. Nos ayuda a amar a Dios de todo corazón.

La palabra nos insta a creerle a Dios. "Y el Dios de esperanza os llene de todo, gozo y paz en él, creer para que abundéis en esperanza por el poder del Espíritu Santo." (Romanos 15: 13)

Hay momentos en que vamos a tener que hacer decisiones importantes en nuestra vida y tendremos que decidir si creer o no creer.

Entendamos que cualquier sea la decisión que tomemos nos llevará a nuestro presente y a nuestro futuro.

Vamos a dejarnos llevar por lo que dice la palabra: "Es, pues, la fe, la certeza de lo que se espera, la convicción de lo que no se ve." (Hebreos 11: 1). Entonces, vamos a creer, aunque no veamos. "Fiel es el que os llama, el cual también lo hará." (1 Tesalonicenses 5: 24) "Pero fiel, es el señor que os afirmará y guardará del mal." (Tesalonicenses 3: 3)

Entonces tengo dos preguntas para ti. ¿Le creemos a Dios y a su palabra? O, ¿le creemos a los hombres y a sus temores?

Vamos a escudriñar estos dos versículos que tienen que ver con sanidad

- Sanidad: "Mas él herido fue por nuestras rebeliones, molido por nuestros pecados. El castigo de nuestra paz fue sobre él y por su llaga fuimos nosotros curados" (Isaías 53:5 RV).

- Ansiedad: "Echando toda vuestra ansiedad sobre él, porque él tiene cuidado de vosotros." (1 Pedro 5: 7)

- Dios te Escucha: "Si permanecéis en mí y mis palabras permanecen en vosotros, pedid todo lo qué queréis y os será hecho." (Juan 15 :7)

¿Queremos honrar a Dios? Vamos a creer en su palabra.

## Reflexiones

Un discípulo preguntó a su sabio maestro: Maestro, quiero encontrar a Dios. El maestro no respondió. Como hacía mucho calor, le dijo que lo acompañara a darse un baño en el río. Cuando ambos estaban ya dentro del agua, el maestro tomó con fuerza al discípulo y le mantuvo la cabeza debajo del agua. Al faltarle el aire, el joven se debatió con desespero por unos instantes, hasta que finalmente el maestro lo dejó volver a la superficie. Después le pregunto qué era lo que más había deseado mientras estaba debajo del agua.

El aire, respondió el discípulo. El maestro le contestó: Si deseas a Dios con el mismo desespero con el que deseabas aire cuando estabas bajo el agua, lo encontrarás. Pero si no sientes una necesidad apremiante de él, de nada te servirán los razonamientos y los libros.

No encontrarás a Dios a menos que lo desees con tanta vehemencia como el aire que respiras.

Tal vez esta ilustración sea un poco radical, pero nos da una lección, ya que es necesario desear la palabra de Dios de esa misma forma, como el aire que respiras. La palabra de Dios es nuestro oxígeno espiritual.

### ¿Entiendes lo que escuchas?

Cuando el telégrafo era el método más rápido para difundir un mensaje a larga distancia un joven solicitó trabajo como operador de código morse. Él leyó un anuncio en el periódico y se dirigió a la dirección de la oficina que estaba en la lista.

El joven completó su aplicación y se sentó al lado de otros siete candidatos que estaban esperando. Después de unos minutos se paró, atravesó la habitación, abrió la puerta de la oficina del director y entró.

Los otros siete candidatos se quedaron bien sorprendidos al ver esto y comenzaron a murmurar entre ellos que el joven pronto sería echado de la oficina del director, ya que no le habían llamado. Sin embargo, dos minutos más tarde salió el director de la oficina y les dijo que todos se podían ir y que la plaza de empleo vacante había sido llenada. Todos los candidatos pronto protestaron y uno de ellos dijo: Espere un minuto, yo no entiendo. Él fue el último en llegar, entró en su oficina sin ser llamado y usted no estuvo ni dos minutos con él antes de darle el empleo. A nosotros que hemos estado esperando aquí por largo tiempo ni siquiera nos permite una entrevista, esto es una injusticia.

El director contestó: <u>Por</u> las últimas tres horas, mientras que todos estaban sentados aquí, el telégrafo ha estado transmitiendo el siguiente mensaje: "Si usted entiende este mensaje, levántese y entre en mi oficina que el trabajo es suyo." Ninguno de ustedes escuchó o entendió el mensaje, pero este joven sí, así que el trabajo es de él.

Cuando entendemos lo que quiere decir la palabra de Dios nos levantamos, caminamos y actuamos en ella. No solo somos oidores, sino hacedores de su palabra. "Pero ser hacedores de la palabra y no tan solamente oidores, engañándoos a vosotros mismos." (Santiago 1:22)

Se estará preguntando por qué tanto énfasis en creer la palabra de Dios y le voy a contestar ese interrogante.

Cuando una persona ha sido víctima por cinco años y luego es libre de dolor, angustia y desesperación, siente que tiene que compartirlo con alguien para que otros sean bendecidos. En breve va a entender él por qué es importante estudiar y meditar en esta palabra de Dios, porque será su ayuda en el presente y en el futuro.

Fe Confiada

Otro aspecto de la fe genuina y salvadora, es la que confía y cree firmemente que Dios puede hacer lo que dice. "Que cualquiera que diga a este monte quítate y échate en el mar sin dudar en su corazón, si no, creyendo que será hecho lo que dice, lo conseguirá" (Marcos 11:23).

Este es un pasaje muy asombroso. Es como si Dios removiera las condiciones y nos diera una promesa sin límite.

La Biblia dice que cuando oremos debemos hacerlo en fe no dudando, si dudamos somos como las olas del mar que van y vienen (Santiago 1:5). Si usted ora en fe, conforme a la voluntad de Dios, puede esperar que se cumpla su oración. Las Escrituras nos hablan acerca de un evento donde nada menos que Josué hizo esta oración atrevida diciendo sol detente en Gabaón y Luna, en el valle de Ajalon (Josué 10:12-14). A veces estamos dispuestos a orar solo si tenemos al menos 75% de probabilidad de éxito. ¿Puedes imaginar la fe que debe haber tenido Josué cuando pidió que el sol se detuviera? ¿Te atreverías tú? O pedir que la tierra deje de girar en su eje. Obviamente, la fe genuina de Josué era de las que mueven montañas.

## Fe Victoriosa

Cuando creemos que Dios hará lo que dice también creeremos que puede darnos una experiencia espiritual victoriosa. Con frecuencia, la Biblia representa nuestro caminar espiritual como una batalla. Pablo nos dice "Pelea la buena batalla de la fe echa mano de la vida eterna" (Timoteo 6-12). Uno de los elementos más importantes de cualquier estrategia de batalla es creer que podemos ganar. Todo necesitamos esta clase de fe combatiente.

Asimismo, usted y yo debemos creer con la confianza que nace de la entrega y la humildad que podemos ganar a través de Cristo. No podemos ser como los espías malvados que regresaron con un informe malo de la tierra de Canaán. Después de ver la gente de aquella tierra dijeron que eran gigantes y tuvieron temor. No fueron capaces y murieron en el desierto. Sin embargo, podemos leer acerca de otro reporte. Un reporte positivo, un reporte de fe en el que Josué y Caleb creían en Dios y dijeron: "Subamos enseguida que más podremos nosotros que ellos" (Números 13:30). Cuarenta años más tardes estos dos hombres fueron los que entraron a la tierra prometida. ¿Por qué? Porque estos dos hombres creyeron que Dios podía darles la victoria.

Esta es la fe que nosotros necesitamos. Cuando podemos leer las escrituras y entenderlas no hay dudas en nosotros que esta palabra es vida y que podemos nosotros adquirir y podemos tener esa fe. Y cuando la ponemos en acción, estamos más que seguros de que lo que pidamos a Dios, él no los va a dar.

En la palabra nosotros podemos aprender que Dios nos ha dado armas para poder conquistar en el mundo espiritual, n os dice que debemos usar "La espada del Espíritu que es la palabra de Dios" (Efesios 6:17). Para lograr la victoria al pelear esta batalla de la fe debemos utilizar la espada de doble filo de la palabra de Dios. Cuando Jesús fue tentado en el desierto hizo frente a cada prueba de satanás con las palabras. "ESCRITO ESTA." (Mateo 4:4)

"La fe viene por el oír y el oír la palabra de Dios" (Romanos 10:17)

Así que si deseas obtener más de esta fe para luchar necesitas leer la palabra de Dios.

# Mi Testimonio

Rev. Victoria Justiniano

En el año1984 fui atacada con una enfermedad que en la actualidad no tiene cura: Leucemia.

Luego de llegar a la Florida de mi país natal, Puerto Rico, comencé a trabajar en una oficina de médicos. Como en mi familia somos propensos a la diabetes quise hacerme unos exámenes de sangre. Tres días más tarde, la doctora con quien yo trabajaba me llamó a la oficina y me preguntó si había tenido alguna infección en las vías urinarias, le contesté afirmativamente. Ella me sugirió someterme a otros análisis, porque el nivel de células blancas era muy alto. Entonces, así lo hicimos.

Pocos días más tardes, mientras comía me mordí la lengua. Pasaron cuatro días y no sanaba. Se me estaba formando un hueco en la lengua que traté de curar sin ningún éxito. Acudí a un odontólogo quien me tomó una biopsia para ver qué era lo que tenía. Me cogió tres puntos de sutura y me mandó a la casa.

A los dos días siguientes recibí los resultados y no se revelaba nada. Sin embargo, la lengua no sanaba.

Tiempo después me encontraba trabajando en la maquinilla (ahora computadora), miré hacia abajo y mis pies y tobillos estaban ennegrecidos de sangre e hinchados. Me levanté de la silla, me toqué y tenía dolor. Entonces decidí ir a la oficina de la doctora y ella me mandó rápidamente a un especialista de huesos creyendo que podía tratarse de una artritis reumatoide. El especialista me examinó y me dijo que no tenía artritis, pero me refirió a otra doctora para que me hiciera otros exámenes, los cuales no tuvieron ningún diagnóstico tampoco. Pasaron los días, me sentía muy cansada y no quería levantarme de la cama para ir a trabajar. Me ingresaron en el hospital y me sometieron a otros análisis. Entre ellos el examen de la médula ósea que se dice en inglés de *bone marrow,* en un intento más de alcanzar un diagnóstico. El 15 de noviembre de 1984 me dieron el examen de médula y el 16, día de mi cumpleaños, me dieron la terrible noticia de que yo tenía el 90 % de mis células malignas, o sea que tenía Leucemia.

Rápidamente el hematólogo me dijo que tenía que someterme a un tratamiento intenso de quimioterapia por un periodo de siete días, las veinticuatro horas. También me dieron quimioterapia por boca en forma de pastillas. El tratamiento se hizo muy intenso e incluía antibióticos, transfusiones de sangre, placas radiográficas en la cabeza y el hígado. Durante este tratamiento me bajó la hemoglobina, perdí el cabello y tenía coágulos de sangre en las encías. Durante este tiempo los médicos habían dado instrucciones de no moverme de la cama debido a mi estado de salud. Mi sistema de inmunidad había bajado drásticamente y estaba muy susceptible a cualquier infección. Para la ciencia médica yo moría, pero para Dios no, porque "El que habita al abrigo del altísimo morara bajo la sombra del OMNIPOTENTE" (Salmos 91). Lo que los doctores no sabían era que yo había creído en ese Dios. Que yo sabía que Jesús era mi sanador y también era mi Salvador y que por sus llagas yo fui sanada (Isaías 53: 4-5). Aleluya.

Comenzó la lucha espiritual. El espíritu de Dios en mí me movía a hacer su voluntad aun en medio del dolor y de la aflicción. Cristo nos manda a olvidarnos de nosotros y confiar en él. Durante ese tiempo iba a visitar a los enfermos y oraba por ellos en sus cuartos y le predicaba la palabra de Dios. El secreto de recibir de Dios es este: cuando nos ocupamos de otros le abrimos puerta al Señor para cuidar de nosotros en sanidad y bendiciones.

Al siguiente mes entré en el estado de remisión, que es el momento donde parece que el cáncer está inactivo. Dimos gracias a Dios, creyendo en su sanidad. En 1989 me agravé, tenía fiebre, hemorragias, no podía retener nada en el estómago, no tenía control de mi organismo. Me ponía pañales para poder mantenerme limpia, pues mi cuerpo rechazaba las transfusiones de sangre y las plaquetas (lo que coagula la sangre). Nada parecía funcionar, pero aun viendo y sintiendo todo esto, en mí no había miedo de muerte sino seguridad de VIDA.

Había confiado en el dador de la vida, Cristo. Sin embargo, el médico llamó a mi familia para que estuviesen conmigo, ya que no había esperanza de recuperación. Pero qué bendición cuando tienes una familia que cree como tú, y que confía en la palabra de fe y de poder. Quiero aclarar que mi lucha de vivir no era porque no sabía dónde iba eternamente, sino que tenía un hijo de 14 años y quería verlo crecer, graduarse de la escuela, del colegio y luego casarse. Ese era el deseo de mi corazón y gloria a Dios que me lo concedió.

Pude ver a mi hijo graduarse, casarse y hacerme abuela.

Pero eso acontece cuando creemos y Dios está en el asunto. El tornó lo que es negativo en positivo. Él abre puerta donde el hombre no puede abrirla. Dónde se te cierran y tú crees que no hay remedio para ti, es ahí donde Dios comienza a actuar a tu favor.

Conocíamos en la Iglesia de Hollywood, Florida, al Pastor Richard Risi. Cuando llegó al hospital se encontró con muchos de mis familiares que estaban orando, llorando y pidiendo a Dios por un milagro. Lo bonito del caso es hermano, que cuando Dios habla es importante que nosotros obedezcamos. El Pastor Risi al entrar a mi cuarto me dijo: "Vicky, (en ese entonces me llamaban Vicky), hoy es el día de tu sanidad", y comenzó a compartir conmigo lo que le había pasado. Ese día, cuando él llegó del trabajo y fue a la oficina, el Espíritu Santo le dijo "apaga la luz, ve al hospital, porque hoy es el día que yo voy a sanar a mi sierva". El no lo pensó dos veces, no lo pensó tres veces, sino que él hizo exactamente lo que el Espíritu Santo le dijo. Fue, apagó la luz, llegó al hospital y se encontró con ese escenario de mi familia, que estaba ya preparándose, de acuerdo con lo que los doctores habían dicho. El entró y me dijo que el Espíritu Santo le había hablado. Yo le dije: Pastor llevo ya casi cinco años esperando que se haga una realidad en mi vida. Él oró por mí y yo caí en un sueño. Cuando me desperté al otro día, lo primero que yo pude decir fue tengo hambre ya que hacían bastantes días que no había comido. Dios hizo el milagro.

Me dieron de alta entendiendo que para Dios no hay nada imposible y me fui gozosa y victoriosa.

Después de eso el enemigo quiso confundirme y hacerme creer que no estaba sanada. Muchas veces sentía síntomas de la enfermedad pero qué bueno es cuando entiendes que Dios hace las cosas a perfección. Yo tenía la palabra de Dios en mi espíritu y el enemigo no pudo triunfar. Ahora cada día que pasa mi fe crece más y sé que Dios es real y es bueno.

Han pasado 33 años desde que Dios me sanó. He podido ver cómo la palabra de Dios se ha cumplido a través de este testimonio dando esperanza a aquellos que no la tienen, a aquellos que le han dado malas noticias, a aquellos que sienten que no hay salida para ellos, a aquellos que creen que esa puerta ya se cerró y nadie puede abrirla.

Yo quiero decirte que Dios puede abrir la puerta. Esa puerta que los médicos no pueden abrir, pero yo te digo a ti que para Dios todo es posible.

La palabra dice, ¿habrá algo difícil para mí? De ninguna manera porque "Todo lo puedo en Cristo que me fortalece" (Filipenses. 4:13). Esa fortaleza es la que tú necesitas ahora mismo. Donde crees que te vas a hundir, cuando crees que no hay salida, yo quiero decirte que la palabra de Dios es viva y eficaz, es como una espada de dos filos y hace lo que tiene que hacer. Esta palabra divina de Dios, esta palabra por la que lo único que nos toca a nosotros es creerla y ponerla en acción.

Por eso, en una ocasión Job, dijo: Oh, mi Señor, solo de oídas, te había oído, pero ahora mis ojos te ven mi Salvador. Una cosa es tú escuchar y otra cosa es tú ver lo que tú escuchas haciéndose una realidad.

Es por eso por lo que en este momento, ya que tú has leído este testimonio vivo, testimonio de verdad, para la gloria y honra de nuestro Señor Jesucristo quiero invitarte a que creas. A que tú entiendas que para Dios todas las cosas son posibles y que no hay nada imposible para El.

Espero que tú puedas depositar esa fe que Dios te ha dado. La palabra dice que a todos se nos ha dado una medida de fe. Que puedas sembrar esa fe en terreno fértil, que es la palabra de Dios. Te aseguro que vas a ver fruto al ciento por uno. Atrévete a creer en la palabra de Dios.

Dios te bendice

Victoria

## Textos bíblicos para leer

"Clama a mí y yo te responderé y te enseñaré cosas grandes y ocultas que tú no conoces." (Jeremías 33:3)

"Ninguna arma forjada contra ti prosperará." (Isaías 54:17)

"Vestíos de toda la armadura de Dios para que podáis estar firmes contra las asechanzas del diablo." (Efesios 6:11)

"Sobre todo, tomad el escudo de la fe con que podáis apagar todos los dardos de fuego del maligno." (Efesios 6: 16)

"Ciertamente llevó él nuestras enfermedades y sufrió nuestros dolores, y nosotros le tuvimos por azotado, por herido de Dios y abatido. Mas el herido fue por nuestras rebeliones y molido por nuestros pecados, el castigo de nuestra paz fue sobre él, y por su llaga fuimos nosotros curados". (Isaías 53: 4,5)

"Y he aquí vino un leproso y se postró ante él diciendo quiero ser limpio y al instante su lepra desapareció." (Mateo 8:2)

Mi hermano o amigo. En toda la Biblia vas a encontrar el amor de Dios para sanar y salvar. Como en estos ejemplos, no dudes, cree en el Señor y él te ayudará.

# Atrévete a Creer lo que la Palabra de Dios Dice de Ti

*Rev. Virgilio Ríos, Jr.*

Cuando nacemos, nuestros padres escogen un nombre para identificarnos en la sociedad. Algunas veces escogen nombres que suenan bien o que riman con nuestro apellido o quizás querían honrar un familiar o antepasado. Algunas veces las personas se cambian sus nombres declarando un nuevo comienzo o etapa en sus vidas. Por ejemplo, en Estados Unidos, la mujer al casarse se cambia su apellido al del esposo, indicando así que ella le pertenece.

También vemos que vivimos en un mundo corrupto que le gusta cambiar o poner nombres o títulos o etiquetas a las personas, dependiendo de dónde vienen, que raza son, de que estatus económico son, etc. Por ejemplo, vemos títulos como "soy madre", "soy banquero", "soy epiléptico". También hay nombres malos que adquirimos por experiencias vividas que a veces no fueron culpa de nosotros, o sí. Oímos nombres como "mujer fácil", "hombre macho", "el drogadicto", "rebelde", "la ricachona y "la orgullosa", etc. Muchas veces pasamos años tratando de redimir ese nombre de nosotros por nuestras propias fuerzas, pero no podemos. Viene a ser una carga que nos agobia robándonos del gozo que podemos experimentar en la vida.

En tiempos bíblicos los nombres tenían una mayor intención, muchas veces decían algo del carácter de la persona o de su situación. Por ejemplo, el nombre del Rey David significa amado, y el vino a ser conocido como el hombre conforme al corazón de Dios.

Pero, así como este mundo perverso quiere cambiar tu nombre a uno que no represente lo que Dios ve en ti, Dios quiere cambiar tu nombre a un nombre nuevo que representa la obra que Él quiere hacer en ti. Vamos a ver algunos ejemplos clásicos en la Biblia donde Dios cambió los nombres de éstas personas y así cambió sus destinos, con solo cambiar sus nombres.

En la palabra podemos encontrar a un hombre llamado Abram cuyo nombre significa "padre noble" y Dios le cambia a Abraham que significa "padre de multitudes". Otra versión dice "padre de nación".

> *³ Entonces Abram se postró sobre su rostro y Dios habló con él:*
>
> *⁴ «En cuanto a Mí, ahora Mi pacto es contigo,*
>
> *Y serás padre de multitud de naciones.*
>
> *⁵ Y no serás llamado más Abram;*

*Sino que tu nombre será Abraham;*

*Porque Yo te haré padre de multitud de naciones.*

(Génesis 17:3-5 Nueva Biblia de las Américas)

A su esposa también le cambia su nombre de Saraí que significa "mi princesa" a Sara que significa "madre de nación". Esto iba a comprobar el poder milagroso de Dios ya que, para empezar, Sara fue estéril y cuando Dios les hace la promesa de que iban a concebir un hijo, los dos estaban en edad avanzada.

Podemos ver a través de la historia, cómo Dios hizo que una nación surgiera de dos personas a las cuáles Él cambió sus nombres.

Dios cambió el nombre de Jacob que significa "suplantador o usurpador" a Israel que significa "el que lucha con Dios". Toda su vida, Jacob engañó aquellos cercanos a él. El fue engañado por su tío que vino a ser suegro y también engañó a su tío. Era buscado por su hermano que quería matarlo por robarle su bendición de primogénito. Pero una noche, cuando ya no tenía ninguna respuesta para sus problemas y su vida corría peligro, tuvo un encontronazo con el Dios de la promesa de Abraham y allí Dios cambió su nombre a Israel y también su destino.

**[28] *Y el hombre dijo: «Tu nombre ya no será Jacob, sino Israel, porque has luchado con Dios y con los hombres, y has prevalecido». (Génesis 32:28 Nueva Biblia de las Américas)***

Los doce hijos de Israel formaron las doce tribus de la nación de Israel. A este pueblo también se lo conoce como judío. Los descendientes físicos de Abraham y Sara formaron muchas naciones. Pero en sentido espiritual, sus descendientes son muchísimos más.

> ²⁹ *Y si ustedes son de Cristo, entonces son descendencia de Abraham, herederos según la promesa. (Gálatas 3:29 Nueva Biblia de las Américas)*

¿Por qué Dios escogió nombres nuevos para estas personas? La Biblia no nos da su razón, pero quizás fue para dejarles saber que estaban destinados a una nueva misión en la vida. El nuevo nombre era una manera de revelar el plan divino y también asegurarles que Dios lo iba cumplir.

Nuestro Padre celestial es el Dios de la vida, el que puede resucitar lo que está muerto. Él es también el que cambia destinos. Como hijos de Dios ya no tenemos que cargar las cicatrices de nuestro pasado, podemos mirar hacia el futuro con esperanza.

Mira lo que Jesús prometió a todos lo que creyeron en El:

> ¹⁷ *"El que tiene oído, oiga lo que el Espíritu dice a las iglesias. Al vencedor le daré del maná escondido y le daré una piedrecita blanca, y grabado en la piedrecita un nombre nuevo, el cual nadie conoce sino aquel que lo recibe".* (Apocalipsis 2:17 Nueva Biblia de las Américas)

Así como estos ejemplos que te he dado, Jesús ve lo que tú puedes ser, no importando lo que tú digas de ti. Dios sabes lo que somos y nos ama de esa manera, pero nos ama tanto que quiere algo mejor.

Mira lo que dice nuestro hermano Pablo en la carta a los filipenses:

> *⁶ Estoy convencido precisamente de esto: que el que comenzó en ustedes la buena obra, la perfeccionará hasta el día de Cristo Jesús. (Filipenses 1:6 Nueva Biblia de las Américas)*

Todo aquel que recibe a Jesús y confía que sus pecados han sido perdonados, recibe un nombre nuevo empezando con el nombre cristiano, y también recibe una vida nueva, un propósito nuevo y un destino nuevo.

> *¹⁷ De modo que, si alguno está en Cristo, nueva criatura es; las cosas viejas pasaron, ahora han sido hechas nuevas. (2 Corintios 5:17 Nueva Biblia de las Américas)*

> *¹² Pero a todos los que lo recibieron, les dio el derecho de llegar a ser hijos de Dios, es decir, a los que creen en Su nombre, (Juan 1:12 Nueva Biblia de las Américas)*

Mira todo lo que la Palabra de Dios dice que somos y el poder que tiene Dios para cambiar tu nombre que quizás dicta tu pasado.

Mi nombre es Virgilio y yo puedo dar testimonio de lo que los hombres decían de mi versus lo que Dios decía. Hoy en día, por la gracia de Dios soy pastor de una hermosa congregación en la ciudad de 0steen, en el estado de Florida y cada día veo cómo Dios transforma los corazones de todos aquellos que se atreven a creer lo que la palabra de Dios dice que son. ¡Que Dios te bendiga ricamente!

# Atrévete a Creer Un Desafío Espiritual a tu Mundo Físico

*Rev. Jeanette Ríos*

En un mundo donde necesitamos poder ver y entender, comprobar y calcular, se levanta un personaje que lanza un reto incomprensible a la inteligencia humana.

El problema nuestro es la necesidad de evidencias. La maldad, el egoísmo del hombre, las falsas promesas, los engaños, el poder, la tiranía, el atropello, las injusticias, nos han llevado a un estado de incredulidad y frialdad en el trato de unos con otros.

El mundo religioso no ha sido una excepción a la falsedad, la hipocresía, el poder controlar y manipular las vidas de aquellos que buscan en sus creencias la solución a sus abatimientos.

Este personaje se levantó en una sociedad viciada por costumbres, leyes y tradiciones religiosas que poco a poco se alejaban más de la voluntad de aquel en cuyo nombre todas ellas se realizaban. Los rituales religiosos se habían convertido en el centro del culto, era una cuestión de apariencia religiosa, era un hacer impuesto por la ley de Dios adulterada por los hombres. Era más importante el hacer y el cumplir, que dar atención a la humanidad y sus a verdaderas necesidades físicas y espirituales.

Este personaje vino a enseñar y a demostrarnos con su propia vida una ley excelente, basada en amor, humildad, misericordia, justicia, empatía ante el prójimo y sus necesidades, tanto físicas como espirituales. Una ley de libertad y no de cautividad. Una ley que demostraba el amor de Dios por su creación y el interés continuo por su bienestar. Esto era así para todo ser humano, no importando raza, sexo o condición social.

Su creación fue tan importante que personalmente decidió enviar a su único hijo a hacer posible que toda la raza humana pudiera disfrutar del beneficio de un acceso total y continuo a su Dios creador.

Pero esta ley parecía levantarse en contra de todo lo que el gobierno religioso había promovido. Proclamaba estar fundamentada en el "creer en fe" y fe en el poderío de un personaje totalmente contrario a lo que esa sociedad creía necesitar. Este personaje basó su centro de operación fuera del templo religioso, rompió paradigmas, visitó personalmente la necesidad humana. Llegó a donde muchos habían decidido no llegar, se sentó a la mesa junto a aquellos repudiados por la sociedad, disfrutó de la compañía de la pobreza y levantó y dio esperanza de vida a aquellos que estaban condenados a morir ante una ley tirana que era acomodada por quien la ponía en vigor.

Lo espiritual vino a anteponerse a lo físico. El Verbo se hizo carne y habitó entre nosotros. (Juan 1:14 LBLA) Nos llevó a un nuevo comienzo, nuevamente a lo original.

¿Cómo era posible que Él se interesara por nosotros cuando parecía ser imposible ganar el favor de Dios? Cuando parecía que Dios solo se interesaba por aquellos más afortunados que podían pagar sus ofrendas y de alguna manera cumplir con la ley. Todos estábamos condenados, hasta que El llegó y retó nuestro mundo físico, lo posible ante lo imposible.

Arropado de nuestra humanidad nos enseñó con amor incondicional las bases de un nuevo reino, de una nueva ley y nos invitó a una nueva vivencia: creer en El.

Él dijo: *"Si puedes creer, al que cree todo le es posible"* (Marcos 9:23 RVR 1960). Vino a quitar el temor de los que habían perdido toda esperanza. *"Oyéndolo Jesús, le respondió: No temas; cree solamente, y será salva."* (Lucas 8:50/ RVR 1960). Ante la muerte, nos retó con sus palabras de vida: *"Le dijo Jesús: Yo soy la resurrección y la vida; el que cree en mí, aunque esté muerto, vivirá. Y todo aquel que vive y cree en mí, no morirá eternamente. ¿Crees esto?"* (Juan 11:25-26 RVR 1960). Ante las derrotas nos propuso una nueva ley: *"¿Quién es el que vence al mundo, sino el que cree que Jesús es el Hijo de Dios?* (1 Juan 5:5 RVR 1960). Nos dirigió a un oasis el cual no habíamos experimentado: *"El que cree en mí, como dice la Escritura, de su interior correrán ríos de agua viva"* (Juan 7:38 RVR 1960). Sació nuestra sed y alimentó nuestra alma con un alimento no adulterado: *"Jesús les dijo: Yo soy el pan de vida; el que a mí viene, nunca tendrá hambre; y el que en mí cree, no tendrá sed jamás".* (Juan 6:35 RVR 1960)

Estableció nuevas bases de éxito cuando nos aseguró diciendo: *"De cierto, de cierto os digo: El que en mí cree, las obras que yo hago, él las hará también; y aún mayores hará, porque yo voy al Padre."* (*Juan 14:12 RVR 1960*). ¿Qué líder aseguraba un mayor bienestar a sus seguidores, sin buscar un bienestar o ventaja de ellos? ¿Quién hubiese sido capaz de ofrecer con toda seguridad una vida eterna por el simple hecho de creer en El? *"El que cree en el Hijo tiene vida eterna; pero el que rehúsa creer en el Hijo no verá la vida, sino que la ira de Dios está sobre él."* (Juan 3:36 RVR 1960). Este fue un gran reto, en su tiempo, una blasfemia, que un hombre como El, nacido de una familia pobre e insignificante, criado en una aldea de donde nada bueno había salido, pronunciara con seguridad la esperanza y el producto de creerle.

El vino a ponerle fin a una ley, a una era que torcida por los deseos humanos había llevado al hombre cada vez más lejos de su Creador. *"Porque el fin de la ley es Cristo, para justicia a todo aquel que cree."* (Romanos 10:4 RVR 1960).

El reto continúa vigente, ¿crees? Es tu decisión.

Yo tomé esa decisión siendo una jovencita de catorce años. Por muchos años no tuve el claro entendimiento de mi decisión. Pero aún sin entender le seguí y nunca me aparté del camino. He aprendido a creerle, pues Él me ha permitido muchas experiencias donde solo la fe ha sido la herramienta que ha traído soluciones a mi vida.

No es fácil pues se trata de un entrenamiento espiritual, un sometimiento del alma, una verdadera lucha donde el Espíritu de Dios es nuestro entrenador personal y cuya misión es llevarnos al conocimiento de Dios, a un ser humano maduro espiritualmente. Es un verdadero desafío a nuestro mundo físico, pues todo nuestro viciado ser tiene que reprogramarse y alinearse a la verdad de la Palabra de Dios. Lo más hermoso es entender lo que Jesús logró para nosotros. Por él tenemos acceso a la presencia de Dios. Por él tenemos un espíritu vivo que se conecta con su Espíritu Santo. Por él tenemos el poder de su Espíritu para hacer la obra de Dios posible, pues somos sus colaboradores en la misión. Por él, una vida eterna, pues él fue el sacrificio perfecto por nosotros.

Jesús fue el mediador de un nuevo pacto, forjado en mejoras promesas. (Hebreos 8:6 RVR 1960)

Trasciende lo físico y nos traslada al mundo espiritual, a un reino justo e infalible, a un lugar de descanso y seguridad. Nos embarca en una travesía a lo desconocido donde el requisito más importante es creerle.

*¡Atrévete a creer!*

# Atrévete a Creer en la Palabra de Dios

*Rev. Gloria Ruiz-Ríos*

La palabra de Dios, la Biblia, es el libro más vendido en todo el mundo. Palabra significa *logo* en griego . Es *logo* cuando está escrita y es leída como un libro de literatura. Pero cuando esta palabra entra a tu espíritu se convierte en el lema de Dios, la palabra recobra vida y hace el milagro, leemos la palabra y la podemos entender. Hasta que no recibimos a Jesús como nuestro señor y salvador no podemos entender ese milagro.

Cuando yo recibí al señor a los 29 años fue cuando pude entender su palabra y el propósito que Dios tenía en mi vida. Retirada con Dios a solas recibí su primera escritura: "No me elegisteis vosotros a mi sino yo elegí a vosotros para que vayáis y llevéis frutos y ese fruto permanezca y todo lo que pidieres al padre él os dé, y esto mando que améis los unos a los otros." (Juan 15:16 RV60).

La semilla de la fe que Dios depositó en nuestros corazones crece según el agua que le eches todos los días. Según la palabra que tengas en tu espíritu es la medida de fe que vas a obtener. Porque la fe crece por el oír y el oír la palabra de Dios. La fe tiene que venir acompañada de la obediencia para que sea eficaz. Porque los demonios creen y tiemblan. Si no conocemos la escritura vana es nuestra fe.

Nuestro problema es que no conocemos sus mandamientos o su ley. Jesús dijo "amarás al señor tu Dios con todo tu corazón, con toda tu alma y con todas tus fuerzas y a tu prójimo como a ti mismo" y esa es la parte en la que hemos fallado. Si amamos al Señor tenemos que hacer todo lo que él dijo que hiciéramos, aunque somos salvo por gracia tenemos que obedecer todos sus mandamientos. "Si me amáis guardar mis mandamientos ..." (Juan 14:15 RV60). Hemos sido cegados con las influencias de diferentes doctrinas, ya que no enseñan lo que Dios nos mandó a hacer.

La Biblia dice que no le podemos cambiar a su palabra ni una J ni una tilde para que no recibamos maldición Cuando recibimos al Señor como nuestro salvador somos salvos por gracia, pero debemos andar en obediencia y en su palabra y caminar como él anduvo.

Voy a hablar un poco con mi relación con el eterno. Desde niña siempre creía que había un Dios sobre todas las cosas. Me crio una abuela que me decía que Dios me veía en todas partes y yo le creí. Ahora entiendo que ella tenía razón, porque su palabra dice que los ojos del señor están en todas partes y en todo lugar.

Desde que el Espíritu Santo entró en mi vida me transformó en una persona diferente. Porque yo todo lo consultaba con él. Hemos sido tan unidos que no hay situación en mi vida, mis experiencias con mis hijos, nietos e iglesia en

que el Espíritu Santo no me advierta antes de que suceda. Por ejemplo me mostró el teatro donde íbamos a pastorear 15 años antes. Cuando mi esposo fue enviado a Springfield Massachusetts, al ministerio del pastoreado, estábamos muy cómodos y muy bien económicamente, pero al señor le plació enviarnos. Mi esposo dijo que sí, yo estaba más reacia. Pero el Espíritu Santo me mostró que iba delante de nosotros. Llegamos a pastorear a ocho personas y orábamos por el crecimiento de la iglesia que era lento. Me fui en intercesión orando y le dije al señor: "Por qué no hay crecimiento". El señor me contestó: "Cuánto tarda una mujer embarazada en dar a luz". Yo le respondí: "Nueve meses". El me contestó "Espera y verás". Dios estaba moldeando mi ansiedad y mi carácter. A los nueve meses comenzaron a llegar las personas para su gloria. Crecimos en una iglesia alegre y avivada. Se adoraba, se danzaba y Dios hacía milagros y prodigios. Nos atrevimos creerle a Dios y su palabra y hubo muchos milagros.

- Sanidad de cáncer

- Sanidad hepatitis D

- Sanidad de regeneración de huesos (Una niña que no podía caminar generó el último hueso de la espina dorsal. El doctor no creía lo que había sucedido).

- Una mujer que no podía ver recobró la vista

- Sanidad de SIDA

- Cáncer de la matriz

- Cáncer de estómago

- Alcoholismo y drogas

Todos estos milagros y otros más fueron porque nos atrevimos a creerle a Dios y a su palabra. Amados, no hay nada imposible para Dios. Mi opinión es que Dios no te trae pruebas (Santiago 1:13 RV60) pero permite que algunas cosas sucedan para moldear tu carácter.

Tenemos que mantenernos en la carrera. El eterno viene pronto y lo veremos cara a cara. Tenemos que velar y orar como las diez vírgenes para estar preparados para que nuestras lámparas estén encendidas. Dios enviará a sus ángeles de los cuatro puntos de la tierra a recoger el trigo y a separarlo de la cizaña. Estaremos delante de nuestro creador para ver cuánto le creímos a él y a su palabra. Jesús viene pronto, tengamos un verdadero arrepentimiento para ser recompensados por él (Apocalipsis 22:12 RV60).

Ven señor Jesús te esperamos.

Tu sierva

Gloria Ruiz Ríos

# Atrévete a Creer La Palabra de Dios

*Obispo Fernando Miranda*

¿Qué es creer? Cuando se trata de la palabra creer entendemos primero que es un verbo y que se define como tener fe o pensar en que algo es verdadero, o presumir que algo es verdadero.

Cuando tratamos del tema "Atrévete a creer La Palabra de Dios" no es nada más que lanzar un reto al que cree. Creer no se trata simplemente de algo del intelecto, va más allá de la psiquis del ser humano. Tampoco estamos hablando del raciocinio en donde nosotros determinamos y llegamos a la conclusión sobre algo.

El creer, desde el punto de vista bíblico, es algo más profundo. Se trata de lo espiritual, de lo que Dios ha determinado que es la verdad. La Palabra de Dios es espiritual y trata con lo más íntimo del ser humano: su espíritu. (Heb. 4:12 DHH).

El ser humano fue creado un ser viviente tripartito, es decir, espíritu, alma y cuerpo. Por lo tanto, nuestra necesidad primordial es espiritual y por ende Dios nos ha revelado su palabra para poder suscitarnos del alimento espiritual que solo proviene de la Palabra de Dios. (Mateo 4:4 DHH).

Cuando nos referimos al reto de atrevernos a creer La Palabra de Dios, estamos hablando de la importancia que le debemos dar o, mejor dicho, la prioridad que le debemos dar a La Palabra de Dios en nuestras vidas. Tanto en la vida personal como en el matrimonio, en la crianza de nuestros hijos y aun en todos nuestros asuntos.

Si consideramos lo que Dios nos enseña a través de su palabra podemos ver que el propósito de Dios es darse a conocer por medio de ella. El desea que le conozcamos más íntimamente, esto solamente lo podemos hacer por medio de su palabra.

La Palabra de Dios fue inspirada por Dios por medio de su Espíritu Santo. Es útil para enseñar y reprender, para corregir y educar en una vida de rectitud, para que el hombre de Dios esté capacitado y completamente preparado para toda clase de bien. (2 Timoteo 3:16,17 DHH).

Cuando hablamos de la Palabra de Dios, no hablamos con palabras de sabiduría humana, sino con palabras enseñadas por el Espíritu. Combinamos así pensamientos espirituales con palabras espirituales. (1 Cor. 2:13 DHH)

También es menester saber que ninguna profecía de la Escritura, de La Palabra, es asunto de interpretación personal. Ninguna profecía fue jamás por un acto de voluntad humana, sino que hombres inspirados por el Espíritu Santo hablaron de parte de Dios. (2 Pedro 1: 20-21 DHH)

La Palabra de Dios es la fuente de donde brotan las directrices de Dios para el creyente. Dios nos declaró su palabra para que pudiéramos vivir por ella. Es la brújula que nos guía en el camino de la santificación.

Bien dijo el salmista bajo la inspiración del Espíritu Santo: "Lámpara es a mis pies tu palabra y lumbrera a mi camino." (Salmo 119: 105). También dijo: "¿Con qué limpiará el joven su camino? Con guardar tu palabra." (Salmo 119:9 DHH).

Podemos ver entonces la importancia de escudriñar la Palabra de Dios. Nuestro deber como hijos de Dios es uno de consagración. Es decir que nuestro anhelo debe ser tener comunicación con nuestro Padre celestial por medio de la oración y la lectura de la Palabra de Dios. Cuando guardamos la Palabra de Dios en nuestros corazones fluye una fuente de sabiduría y de conocimiento con respecto a la voluntad y propósito de Dios que nos capacita para no caer en tentación.

En mi experiencia como creyente de muchos años puedo decir con toda firmeza de fe que si no fuera por el conocimiento de la Palabra de Dios, me hubiera sido muy difícil poder vencer las tentaciones que atravesaron mi camino. Es simplemente permitir que el Espíritu de Dios te enseñe por medio de la Palabra de Dios lo que agrada a Dios y lo que no le agrada.

Uno tiene que aprender a acudir a la Palabra de Dios cuando se encuentra en circunstancias precarias para poder vencer las vicisitudes de la vida. Dios nos ha dado de su Espíritu para que El traiga al conocimiento aquello que más necesitamos en los momentos difíciles.

Como esposo veo en la Palabra de Dios las instrucciones que Dios ha establecido para que mi matrimonio perdure hasta la muerte y dejar un legado a los que me siguen para que ellos puedan también disfrutar de lo que es un matrimonio instruido por la Palabra de Dios.

En cuanto a mi familia y mis hijos, también la Palabra de Dios me guía por el camino difícil de lo que es la crianza de niños y especialmente en estos días. (Prob. 22:6, Heb.12:9-11 DHH)

En lo que respecta mi conducta hacia el prójimo, la Palabra de Dios me enseña a amar a mi prójimo como a mí mismo y amar a Dios sobre todas las cosas. En ella encontramos las leyes y principios a seguir como embajadores de Dios que somos aquí en este mundo.

La palabra de Dios nos enseña sobre el amor, la misericordia, la compasión y tantos otros temas importantes de los cuales debemos exigir a diario como representantes que somos del reino de Dios. Jesús dijo que seríamos conocidos como hijos de Dios por medio de nuestro amor, y por los frutos. Tiene que haber frutos dignos de arrepentimiento para confirmar si verdaderamente hemos nacido de nuevo por el Espíritu de Dios y su Palabra.

En el mundo secular vemos que la educación que recibimos está basada en un sin número de libros escritos por meros hombres. Ellos, basados en sus estudios de diferentes materias y experiencias, llegan a sus propias conclusiones, las cuales son aceptadas y por las cuales nos regimos para poder desempeñarnos en esta vida terrenal.

Vemos entonces que, si nosotros le damos tanta importancia a los estudios seculares para poder seguir adelante en esta vida terrenal, cuanto más debemos darle aún a la Palabra de Dios la cual nos conducirá a la vida eterna. No es que los estudios seculares no sean necesarios o provechosos para nuestras vidas, sino que solamente son transitorios. El ser humano fue creado a la imagen y semejanza de Dios, y por lo tanto tiene el ADN de Dios en su interior, es decir en su espíritu. Por lo tanto, hay algo que lo atrae a lo sobrenatural y es por eso por lo que la Palabra de Dios es tan importante para nosotros, porque la Palabra de Dios es sobrenatural. Es el alimento spiritual necesario para nuestro subsistir espiritual aquí en la tierra. Jesús dijo que el cielo y la tierra pasarían pero que su palabra permanecería por siempre. Las palabras de Jesús producen vida y paz a los creyentes. La Palabra de Dios crea conciencia en nosotros para que podamos distinguir entre el bien y el mal. Ella nos disciplina y a la vez nos corrige. Ella nos muestra el camino a seguir para que no seamos condenados. La Palabra de Dios debe ser lo más esencial en la vida del creyente, por eso debemos escudriñarla a diario y meditar en ella día y noche para así poder obtener todos los beneficios que ella nos brinda no solo en esta vida sino también en la vida venidera.

Jesús hablando con los religiosos de su tiempo les dijo lo siguiente:

"Ustedes escudriñan las escrituras porque en ellas les parece que está la vida eterna, más ellas son las que dan testimonio de mí." (Juan5:39 RVR1960)

La Palabra de Dios testifica de la grandeza de Dios. Desde

Génesis hasta Apocalipsis nos enseña sobre el gran propósito de Dios para con la humanidad desde su caída hasta su redención total. Ella nos muestra cómo Dios, a través de las edades, fue trazando su plan perfecto para que en su fin restaurara su relación con el hombre por medio de su hijo Jesucristo y la muerte expiatoria de él. No tan solo eso, sino que también nos enseña cómo por medio de la resurrección de Jesucristo nos garantizó vida eterna por medio de Él.

En resumen, lo primero que es necesario entender es que La Palabra de Dios no es de interpretación personal o privada, sino que Dios por medio de su Espíritu Santo la reveló a hombres consagrados (2 Pedro1:20-21).

La Santa Biblia, o como venimos diciendo La Palabra de Dios, consiste en 66 libros, 39 libros del Antiguo Testamento y 27 libros del Nuevo Testamento. El Antiguo Testamento está subdividido por los primeros cinco libros conocidos por el Pentateuco, los doce libros históricos, los cinco libros poéticos, los cinco libros de los Profetas Mayores y los doce libros de los Profetas Menores.

El Nuevo Testamento consiste en los cuatro Evangelios, un único libro histórico conocido como Los Hechos de los Apóstoles, seguido por las trece epístolas Paulinas, ocho otras epístolas escritas por otros autores tales como Santiago, Pedro (2), Juan (3) y Judas. El autor del libro de Hebreos es desconocido, aunque algunos eruditos creen que fue el Apóstol Pablo. Luego tenemos el único libro profético del Nuevo Testamento, Apocalipsis cuyo autor fue el Apóstol Juan.

En total, la Biblia toma un periodo de 1.500 años y 40 autores quienes escribieron durante diferentes periodos de tiempo y muchos de los cuales no se conocían y eran de diferentes lugares. En ella se encuentran todas las profecías con respecto al Mesías desde su nacimiento hasta su resurrección y aun su segunda venida también incluyendo los acontecimientos del fin.

Espero que lo que he escrito con respecto a La Palabra de Dios nos conlleve a un nuevo amor y deseo de estudiar y aplicar sus enseñanzas de modo que crezcamos y maduremos hasta alcanzar la estatura de Cristo nuestro Señor y Salvador.

# ¿Qué Es Fe?

Elder Zoraida Rodríguez

Cuando se habla de fe mucha gente se pregunta ¿qué es fe?

Para entender que es fe, necesitamos ir a la palabra de Dios. "Fe es la substancia de las cosas que se esperan y la manifestación de lo que no se ve." (Hebreos 11:1RV60)

Como humanos llenos de pecados no podemos entender estas palabras y por lo tanto necesitamos el Espíritu Santo de Dios para que nos dé entendimiento. Se necesita un corazón humilde y dispuesto a recibir lo que la palabra de Dios nos quiere decir.

Vamos a tomar la palabra substancia. ¿Qué significa substancia? Se refiere al origen, de dónde proviene, con qué material está hecha y qué potencial tiene para poder usarse. Cuando Dios dice que fe es la substancia nos está diciendo que viene directamente de Él y que hay una posibilidad de que podemos obtener lo que estamos pidiendo y el potencial de creerlo.

Las cosas que se esperan significan que tenemos una garantía de nuestro Dios y recibiremos lo que hemos pedido.

La manifestación de lo que no se ve quiere decir que lo que pedimos se ha hecho una realidad en nuestra vida, y lo que era imposible ya fue posible.

Espero que esta información ayude a entender qué es fe. Que cuando oremos a Dios porque tenemos una necesidad podamos ir confiadamente a su trono sin dudar que el contestará de acuerdo con su propósito en nosotros. Quiere decir que un no es también una respuesta.

# Testimonios

En el año 1959 nos mudamos a los Estados Unidos, a Manhattan con mi hermana mayor Carmen. Allí estuvimos un tiempo y luego nos mudamos a Brooklyn.

Mi hermano Luis nos habló de una iglesia y quería que nosotros le acompañáramos. Ese domingo fuimos con él al templo. Para nosotros fue una sorpresa, pues era un lugar pequeño de denominación pentecostal y nosotros éramos católicos. Sin pensarlo mucho, nuestra familia entró al templo. El servicio comenzó con cánticos y luego la predicación. Al final de la predicación el pastor hizo un llamado para recibir a Cristo como salvador. Para decir verdad, yo solo tenía trece años, pero al pasar de los años he visto la mano de Dios obrando en nuestra familia.

Mi testimonio es que El me libró de caminos pecaminosos de este mundo, de drogas, alcoholismo y otras actividades que no agradan a nuestro Dios.

Un testimonio grande en mi vida fue en el año 1984 cuando mi hermana Victoria se mudó al estado de Florida, y mi esposo y yo quisimos mudarnos también a una nueva vida para nuestra familia.

Cuando llegué a la casa de mi hermana, después de unos días, ella no se sentía muy bien, sus piernas estaban hinchadas y con moratones. Estaba muy débil al nivel que no se podía levantar para ir a trabajar. La llevaron a la emergencia, le hicieron unos análisis y la enviaron a la casa. Cuando el teléfono sonó con una llamada del hospital, nuestra vida cambió. Le dijeron a mi hermana que tenía que ser admitida lo más pronto posible. Mi hermana no quería ir, pero yo le aconsejé que fuera para poder conocer lo que estaba pasando con su salud. Así fue como comenzó nuestra pesadilla, cuando le dijeron que tenía leucemia.

Nosotros no conocíamos la enfermad. Poco a poco empezamos a conocer lo que mi hermana iba a pasar en los años que venían, pues el tratamiento iba hacer tan fuerte que mi hermana sufriría muchísimo.

Cuando comenzó el tratamiento de quimioterapia creíamos que mi hermana no podría resistir lo que iba a pasar en su cuerpo. Ella tenía un pelo precioso y lo primero que pasó fue que empezó a perderlo, le salieron como úlceras con sangre en su boca, al punto que no podía casi ni comer. Su cuerpo estaba muy débil y necesitaba transfusiones de plaquetas. Le pusieron de otras personas y su cuerpo no las resistía y fue entonces cuando comencé a donar mis plaquetas, que eran las que su cuerpo podía resistir. Así estuve dando transfusiones cada vez que ella las necesitaba, que fueron muchas veces. En una ocasión en medio de su gravedad, mi hermana menor, María, solo pudo darles exactamente lo que necesitó para esa vez y nada más. Mi hermano Fernando también trató y no pudo. Por lo tanto, yo fui la única donante para mi hermana Victoria y doy gracias a Dios por haberme permitido ayudarla cuando más lo necesitaba. El amor de hermana es único. En el tiempo de esta enfermedad Dios me dio la fortaleza que yo necesitaba para sentarme en esa máquina por tres horas sin poderme mover.

Gracias a Dios por su amor que me permitió hacer lo que yo necesitaba hacer por mi hermana.

Ella estuvo en remisión por un tiempo, pero desde el año 1987 al 1988 recayó y estuvo muy grave. Estaba de muerte, pero Dios es tan grande y también la fe que nosotros teníamos en El, que cuando los doctores dijeron que ya no podían hacer nada por mi hermana, el médico de médicos dijo que sí.

El Señor le habló a un pastor que conocíamos, el pastor Richard Risi, lo mandó al hospital para que orara por mi hermana y le dijo que ese día era el día de su sanidad. Y fue así, el oró y Dios sanó a mi hermana.

Gracias al pastor que fue obediente a nuestro Dios hoy en día mi hermana está sana desde 1989. La fe que nosotros tuvimos como familia y hermanos de la fe, causó que nuestra petición fuera contestada.

Hoy en día ella trabaja para nuestro Dios. Predica, enseña, canta y no se cansa de alabar a su Dios por ese milagro tan grande en su vida. Ella pudo ver a su hijo crecer, ir a colegio, casarse y darles nietos. En este tiempo también ayuda a su hijo en el ministerio y es capellana del Sheriff.

Este es el Dios al que servimos cuando en fe pedimos, reconociendo que fe es la substancia y nuestra esperanza de lo que no podemos ver. Este fue uno de muchos milagros que Dios ha hecho en mi vida.

En mes de julio del año 2020, mi hijo, el Pastor Alberto Jr., de la iglesia *In One Accord* a la que mi familia y yo acudimos, se enfermó con COVID 19, la variante Delta. Su esposa lo llevó al hospital y allí lo admitieron pues casi no podía respirar, su oxígeno estaba muy bajo. Lo querían entubar, pero él dijo que no. Entonces el doctor le dijo "si quieres vivir, entonces respira lo más profundo".

Él estuvo en el hospital doce días, con oxígeno doble y tomando medicinas para poder sobrevivir la enfermedad, pero grande es nuestro Dios y obtuvo la victoria,

Mi hijo fue dado de alta aunque sus pulmones no estaban al 100 % ya que fueron dañados por el COVID 19. Pero él siguió creyéndole a Dios y gloria a Dios, sus pulmones funcionan al 100% ahora. Mi hijo sigue dando gracias a Dios por su sanidad y cada vez que él va al doctor, le dicen que es un milagro que esté vivo.

Esto es lo que hace nuestro Dios cuando pedimos en fe.

"Sin fe es imposible agradar a Dios, pues es necesario que el que viene a él crea que él es, y que es galardonador de los que diligente mente le buscan." (Hebreos 11:6 RV60)

Hay muchos milagros que Dios ha hecho en mi vida, pero el mayor de todos es que salvó mi alma y que un día le veré si le soy fiel a Él y a su palabra.

Así que mis hermanos y amigos que leen estos testimonios sepan que Dios es un Dios de milagros y escucha nuestros clamores. "Clama a mí y yo te responderé." (Jeremías 33:3 RV60)

Él nos da los deseos de nuestros corazones cuando le buscamos con un corazón contristo y humillados, creyendo en fe que lo que pedimos en su nombre él lo hará de acuerdo con su voluntad.

Que la paz de nuestro señor Jesucristo esté con todos nosotros desde ahora hasta el fin.

# IN ENGLISH
# CONTINUATION
# DARE TO BELIEVE
# THE WORD OF GOD

# "Dare to Believe the Word of God"

Rev. Ruben Justiniano

When we begin to *believe* in God and His Word, we will discover that there is no lack in God's kingdom. His desire for you and me is to live an abundant life (John 10:10 KJV). The reason He wants us to have a life of abundance is so we, as His children and representatives here on earth, can be blessings in others' lives. There is a term many people use but few dare to apply to themselves in their walks: "leap of faith." It is used when someone is paralyzed from moving forward because of fear and is not sure of what lies ahead of him or her. It is like standing at the edge of a cliff and not knowing if there is a bridge there because it is the middle of the night and there is no light. You take that first step into nothing but realize there is a bridge under your foot to cross to the other side. You moved from where you were to where you wanted to go.

When I became a Christian, I did not know what it was to live by faith. All I knew was that I needed faith to *believe* and accept Christ as my Savior. I did not know that after taking that step, I had to continue walking in faith. I had to learn what faith was. Hebrews 11:1 (RSV) says that faith is the *assurance* of things hoped for and the *conviction* of things not seen. I was *sure* that I would go to heaven because of what Jesus did for me on the cross, even though I was not there at Calvary to see Him on that cross. I *knew* He took all my sins upon Himself and forgave me of what separated me from the Holy and Sinless God that created me.

What I learned was that faith is not a one-time thing; it is a way to live continuously. Faith in the natural world is something we practice every day; some people call it "blind faith," because we do not know if a chair is made strong enough to support our weight when we sit on it, or do not know if something we eat in a restaurant will harm us. We *believe* that we will not fall or get sick when we do those things. Unfortunately, we have a tough time placing that kind of faith in God and His word.

The Word of God is rich with promises made by someone who cannot lie or break a promise to us. Yet we dare not to *believe* those promises. Jesus, speaking of the one who is the "greatest in the Kingdom of Heaven," brought a child into the disciples' midst and said, "Truly, I say to you, unless you turn and become like children, you will never enter the kingdom of heaven" (Matt. 18:2–3 NASB).

When we walk in faith, we are not just pleasing God, we are creating activity in the spiritual realm by our words. That is why it is very important that we be careful of what we speak because our words have power in the spiritual realm.

We must know that we are spiritual beings with earthly bodies. As spiritual beings, we affect the spiritual realm by what we speak. We can bring life and death from the spiritual to the natural by what is spoken with our lips (Proverbs 18:21 RSV). Jesus said, "Truly, I say to you, whoever *says* to this mountain, 'Be taken up and thrown into the sea,' and does not doubt in his heart, but *believes* that what he says will come to pass, it will be done to him" (Mark 11:23 ESV).

When God formed Adam, He created him from the dust of the ground and breathed into his nostril the breath of life (spiritual, eternal life) and the man became a living soul (Genesis 2:7 NASB).

God established a relationship with humans, and that relationship was to be eternal. God's purpose for humankind was a relational one between Creator and creation. That is why He made humans in His image and likeness (Genesis 1:27 AMP).

The human was to be the object of God's love for all eternity. We are the recipients of that love, and there is nothing and no one who can separate us from that love (Romans 8:38–39 RSV).

Children are very inquisitive; they ask questions *believing* that the answers to those questions are true. We must approach God and His word as children. I realize that as we grow, we become exposed to the lies and deceit of this world. It is hard to *believe* as a child does, but that is the kind of faith that will open the doors of the kingdom for us.

It is not enough to just *believe*; our lives must reflect those beliefs.

When I married my wife, she spoke to me about our finances, since I was in so much debt. She began by asking me a question I found strange at that moment: "Do you tithe from your earnings?"

I immediately answered, "How can I tithe, when I'm in so much debt?"

Her answer both surprised and intrigued me. She said, "That's exactly why you should be tithing."

I did not want to believe God's Word for my finances, I did not dare to *believe* that if I gave the Lord my finances and *believed* in His word, He would get me out of debt by pouring down financial blessings until they overflowed (Luke 6:38 NIV). I told her I would give it a try, and began to give the Lord the tithe. In about a year, I saw my debt gradually diminish and eventually disappear, all because *I dared to believe.*

I learned a valuable lesson about giving that day. Just as there are physical laws in this world, such as gravity, there are also spiritual laws, such as sowing and reaping. When you plant a seed in the ground, you do it expecting to receive the fruit of that plant. When you give into the kingdom, you should expect to receive a return on what you gave.

This only happens when you *believe* the Word and you act in faith. In Malachi 3:10 (ESV), it says, "And thereby put me to the test, says the Lord of hosts, if I will not open the windows of heaven for you and pour down for you a blessing until there is no more need." That is exactly what I did with my finances. I tested God and it paid off because the Lord is faithful.

My life changed after this, thanks first to the Lord and then to my wife who basically told me to *dare to believe*. I've applied this principle to the rest of my life and have experienced answered prayers, although I am still waiting on some prayers to be answered, and for His will to be done.

When faith, instead of fear, takes over your thoughts, you walk confidently knowing that you walk with a God who honors those who put their trust in Him.

That is what taking a "leap of faith" is. But I must say it is important to know in whom we are placing that faith. The Word tells us Christ is our rock because He is immovable.

We can always *believe* Him and His Word. There were many people in the Bible whom God revealed Himself to and who had no reason to believe He was who He said He was. They believed anyway and were rewarded because of it. Hebrews 11:6 (HCSB) says, "Now without faith, it is impossible to please God, for the ones who draws near to Him must believe that He exists and rewards those who seek Him."

Those of us who know this allow God the opportunity to come into our lives and show himself for who He is. When

I needed God to show Himself to me, I prayed a prayer of desperation because I had no one else who could help me at that moment. A measure of faith was deposited into my spirit, and I obeyed what was in my spirit to do.

The Lord protected me from the consequences of my bad decisions and allowed me to experience the God I never knew. That was my reward for seeking Him and believing Him. My life would have been completely different, lost without any hope at a very young age, if God had not answered that desperate prayer and deposited that faith for me to believe. God will always make Himself known to those who will dare to believe and walk in that faith that He has given us through His Word.

# Dare to Believe the Word of God

Rev. Denora Rodriguez

What is faith? There are so many things I could start with, but what comes to mind is the word *trust*. I said to the Lord, "Of all things, *trust*?" It is one of the things I have always had trouble with. I asked the Lord, "Why trust?" He answered me quickly and said, "Because I healed you emotionally in this area and your faith in Me grew." He reminded me of what He took me from: a dark place in my life.

One Sunday afternoon, I arrived home from church. It was just my husband and me. We were exhausted (yes, ministers do get tired). When we got home and got comfortable, we decided to watch a movie. In other words, we both fell asleep, and the TV watched us! As I reclined back, I felt pain in my right breast. I kept trying to get comfortable but was not able to. Suddenly, I thought to myself, *Oh wait, I have a lump!* I did a self-breast exam over my blouse, and I found just that: a huge lump. I took a moment and prayed silently, *Lord, you are in control.* I then turned to my husband and told him what I found. He looked at me and immediately began to pray.

The next day, I called my doctor, and they could only fit me in one week from the day of my discovery. After my visit, I was sent for a mammogram, again one week from the initial appointment. These two weeks were the hardest for me. I knew during this time I had to trust. I had to have faith in God. I believed that he would settle my nerves. I truly gave over my emotions to God. I kept on telling Him, "This battle belongs to you."

After the mammogram, I was given the results immediately. The doctor sat me down and told me what I already knew and suspected. They had found a large lump and I needed a biopsy. After the biopsy, I was told I had atypical cells, a.k.a. pre-cancerous cells. Thankfully, I was able to have surgery and it was removed entirely. Glory to God!

Fast forward one year and the same thing happened. This time, it was on my left breast. After another surgery, my oncologist decided to put me on tamoxifen. I prayed and I decided to step out in faith. I told my oncologist I would not take the medication. He was not too happy about my decision, but he understood that I did not want to live as if I had cancer when I did not.

Since 2013, I have realized that faith is having to trust with your entire being that God has your back. He will help you and take care of you. Jesus knows what is best for our lives. I have learned to truly embrace what he has planned for me. I want to encourage you to fully *trust*. Our trust is not foolish for our God, for He is both faithful and good.

Having faith is vital in our Christian beliefs. As believers, we have made a commitment to God. As soon as we surrendered our lives to Jesus, that commitment was solidified. When I reflect on my relationship with and commitment to Jesus, I know I have devoted my life to Him. I made a commitment in faith and decided my life belongs to Him. My allegiance is to Jesus Christ. He is my Lord and Savior.

What do you think of when you hear the word faith?

Faith is a crucial part of life. It is used throughout our day-to-day lives. For example, every time you drive on a bridge, you have faith that the bridge will hold up your car and all the cars crossing. You trust that the bridge will not collapse under you. You are all in, and there is no turning back, just looking forward to your destination. As you are driving, you are probably thinking of all the things you will accomplish throughout your day. Driving to work, running errands, or dropping off the kids at school, you may be thinking of your next vacation. You are driving without any worries. There is no thought that the bridge is going to fall. That is faith: being sure of what you are hoping for, being certain of what you do not see or experience yet. The Bible defines faith as "the substance of things hoped for, the evidence of things not seen" (Hebrews 11:1 NKJ).

I ask myself why faith is necessary

The answer to this question is simple. (Hebrews 11:6 NKJ) states, "But without faith, it is impossible to please Him, for he who comes to God must believe that He is and that He is a rewarder of those who diligently seek Him." Let us face it: believing in a God we cannot see and believing/trusting that He is who He says He is takes *faith*! Not only does it take faith, but it pleases our creator.

In the book of Matthew, we see two different stories. In Matthew 15:28 (NKJ), "Jesus answered and said to her, 'O woman, great is your faith! Let it be to you as you desire.' And her daughter was healed from that very hour." The woman was a Gentile. She had faith and decided to trust Jesus Christ. She believed that Jesus was the only way for her sick daughter to be well. She would not take "no" for an answer. Jesus was moved by her faith and therefore granted the desire of her heart. Because of her faith, her child was healed.

I believe that this woman prayed for God to strengthen her throughout this process. She must have been faithful in her prayer life.

I myself consider prayer a big part of my Christian life. When it comes down to it, you do not have to do anything grandiose. You just have to take the time to talk to God whenever you can. Throughout my journey in Christ, I know that reading God's Word aloud in prayer has built my faith.

The second story is from Matthew 14:31(NKJ): "And immediately Jesus stretched out His hand and caught him, and said to him, 'O you of little faith, why did you doubt?'" The man with little faith, or let us say a different measure of faith, was Peter, Jesus's own disciple—an unlikely hero of faith. Jesus was walking on the water and invited Peter to come to Him; Peter had the faith to walk to Jesus on the water, but when his eyes focused on the wind and the waves, he became afraid and began to sink. He turned his eyes away; he did not keep his focus on Jesus, who was right in front of him. Many times, we get distracted by what is going on in the world. We lose focus on Jesus and instead focus on our situations. As believers, we need to remain focused on our Savior. This will keep our faith strong when we are faced with trouble.

Jesus gave us the best gift we could ever ask for or want: the gift of the Holy Spirit. It resides in us and provides us with strength.

> Looking away from all that will distract us and [focusing our eyes on Jesus, who is the Author and Perfecter of faith] the first incentive for our belief and the One who brings our faith to maturity], who for the joy [of accomplishing the goal] set before Him endured the cross, [a] disregarding the shame, and sat down at the right hand of the throne of God [revealing His deity, His authority, and the completion of His work]. (Hebrews 12:2 AMP)

The Holy Spirit reveals God's word to us, much like Jesus when he walked the earth. When Jesus was flesh and dwelt among us, He taught everywhere he went. Jesus was constantly communicating with and teaching people. Not only did he teach, he built relationships. Since He is not here physically, the Holy Spirit has now taken that role. He teaches by revealing God's Word to us through the Bible. The Bible itself is complete and trustworthy, but impossible to understand without the Holy Spirit. Second Timothy 3:16 (NKJ) says that "All Scripture is inspired by God and is useful to teach us what is true and to make us realize what is wrong in our lives. It corrects us when we are wrong and teaches us to do what is right." The Holy Spirit teaches and reveals the meaning of scripture to Christians the way Jesus would. As John 14:26 (NKJ) reminds us, "But the Helper, the Holy Spirit, whom the Father will send in My name, He will teach you all things, and bring to your remembrance all that I said to you."

As believers and followers of Christ, we trust that God's Word is true and is our guide in life. It is easy to forget God's presence and power when we face uncertain and difficult times. Our faith weakens and we doubt that God is with us. We even doubt that He is real and who He says He is. God knew that we would wrestle with unbelief. He has spoken encouraging words to us through the Bible. When you begin to doubt, you should be faithful by reading His word. The Word of God is available to everyone. You can read it in book form, on your computer, or on your phone through different apps that are available. There is no excuse. The Bible also comes in recorded form so you can hear it anywhere you go. A few minutes a day makes a difference.

I started by placing written verses in a jar and as I cooked, I would take one out and it would be my verse of the day. As I continued, I desired to learn more, read more, and grow more. In our spiritual walks with Christ, our faith is continually growing. With verses about believing, pray that God will renew your heart and mind toward who He says He is and who He says *you* are. Get motivated as you see God move through all situations in your life to grow your faith.

> When Jesus saw their [active] faith [springing from confidence in Him], He said to the paralyzed man, "Son, your sins are forgiven." (Mark 2:5 NIV)

At that moment, the man was able to get up and pick up his mat on his own. Not only was he healed, but his body was also strengthened. Faith moved God to act on behalf of the four men who brought him to Jesus. These men knew if they continued pressing forward for their friend (the lame man), he would surely be healed. They activated their faith by removing a roof and lowering him to where Jesus was. They did not allow obstacles to stop them until they received what they set out to receive: their friend's *healing*.

> Consider it nothing but joy, my [b]brothers and sisters, whenever you fall into various trials. Be assured that the testing of your faith [through

experience] produces endurance [leading to spiritual maturity, and inner peace]. And let endurance have its perfect result and do thorough work, so that you may be perfect and completely developed [in your faith], lacking in nothing. If any of you lacks wisdom [to guide him through a decision or circumstance], he is to ask of [our benevolent] God, who gives to everyone generously and without rebuke or blame, and it will be given to him. But he must ask [for wisdom] in faith, without doubting [God's willingness to help], for the one who doubts is like a billowing surge of the sea that is blown about and tossed by the wind. For such a person ought not to think or expect that he will receive anything [at all] from the Lord, being a double-minded man, unstable and restless in all his ways [in everything he thinks, feels, or decides]. (James 1:2–8 NIV)

In James, we read that if we have unbelief or if anyone doubts that God can work on his or her behalf, that person is like a billowing surge of the sea: blown about and tossed by the wind. It is better to have faith, just like the four men. They did not look at the obstacles before them. They probably looked at the situation as challenging, but they had faith that it could be done. There is power in numbers—a group of strong-minded people ready to overcome the challenge. They were not double-minded; they had endurance and they trusted in God. Because of their endurance to complete the mission, the lame man was able to walk.

In my life, having faith has propelled me to do many things that I did not think I could ever accomplish. It has given me charge of what I do. James 2:26 (NKJ) says, "For as the body without the spirit is dead, so faith without works is dead."

We should always remember to move in *faith*.

# Testimony

Rev. Ruth Miranda

In the book of Deuteronomy 5:16 NKJ, we read, "Honor your father and your mother, as the Lord your God has commanded you, that your days may be long, and that it may be well with you in the land which the Lord your God is giving you."

Growing up as the first of seven children, I was able to be part of many unforgettable things that occurred in my home growing up. In my home, we never went to church or talked about God.

My mother was in a dysfunctional relationship and was never happy. Into that environment God came, and interrupted my life in a good way.

I started to go to church at the age of thirteen and became a Christian. Growing up in a dysfunctional home, if it would not have been for the Lord in my life, I would not be writing this testimony for others to know that "with God, nothing will be impossible" (Luke 1:37 NKJ).

My life took a turn for the good. I started to be active in the church that I was visiting, and I later became a member. I became a worshipper and a youth pastor preacher. As time went on, I met the man who is now my husband, Fernando Miranda. It is almost forty-eight years since we got married when we were nineteen and twenty-one in 1974. As Hebrews 13:4 (NKJ) states, "Marriage *is* honorable among all," and only God has kept us together.

As the years went by and I had my own children, my mother's health deteriorated. She was forgetting too many things. We were told she had the beginnings of dementia. She finally came to live with me, and I had her for two years. We accomplished many things for her health.

As her dementia worsened, I began to see she needed more attention. I decided to leave my job because I knew she needed twenty-four-hour care. Towards the last stage of the disease, she began to get worse; she did not want to eat, and I noticed that she did not recognize the people talking to her. She still knew vaguely who I was, so I tried to see how much more I could help, but to no avail. I called the doctors, and after they evaluated her, three of the doctors told me she needed to go to hospice for palliative care. She refused to eat or take her medications, so they began giving her only the medications needed to control the episodes she was having which caused the screaming. They were successful in regulating her situation.

After two weeks in the hospice palliative care ward, they asked if I wanted to have palliative care at the house. I spoke to my husband and we both agreed to bring her home. Now my mom was being taken care of by me, nurses, and doctors from hospice. She had the best of care, although she still did not eat or take medications. They were there for all her needs; I thank God for their services and all they did.

It was such a blessing to have her controlled with the medications and have her a little happier to be home with her family. I had a lot of support from my beautiful family and my husband. This whole process was not at all easy for me and my family. But God was on her side and on our side as well every step of the way. As Philippians 4:13 (NKJ) states, "I can do all things through Christ who strengthens me."

At the end of her journey, we were able to see her demeanor change. God was calling her home. Our parting was very emotional, but I was pleased with the way she went to be with the Lord. We were there for her until her last breath, and I thank God for the privilege he gave me, her oldest daughter, to be present at her time of departure to meet with her savior. Second Corinthians 5:8 (NKJ) says, "We are confident, yes, well pleased rather be absent from the body and to be present with the Lord."

# Dare to Believe the Word of God

Minister Denora Reynoso

Most things seem impossible when you have never done them before. The fact of the matter is people do not like to look unintelligent or incapable in front of others, especially when those people are people they admire.

When I was a little girl, my father attempted to teach me how to ride a bicycle. I started my journey of learning enthusiastically and was ready to be the next "super cyclist." However, throughout the process of learning how to ride, I seemed to only get worse and worse. I would fall, hit myself with the pedals, and I could barely sit on the bicycle without losing my balance. My dad (God bless his heart) did the best he could with a spunky five-year-old. He was a young dad in his early twenties, hyper-focused and overly protective. He pushed me as much as he could but eventually, he had to give up. He realized I was getting in my own way and there was nothing he could do to move me. I gave up on myself. I quit. It was not because I lacked ability; I simply could not see the ability in myself. I did not have the faith in myself; I needed to overcome the fear of falling, which in turn became the fear of failing. I lacked the faith and gumption needed to be successful in my task. I would rather not try at all than try and fail. It was a lack of faith. In Hosea 4:6, it says, "My people perish for lack of knowledge." At the age of five, I had not obtained the knowledge or understanding that I needed to pursue a path that was difficult but possible. Many times, we do not trust ourselves or trust the God in us, to become successful for we lack faith and understanding

Take a second and ask yourself the following:

- How many times have I quit on myself?

- How many times have I looked in the mirror and been unhappy with my decisions?

- How many times have I tried, failed, and given up because I did not trust the Holy Spirit who lives in me?

If you are anything like me your answer may be "too many times to count," and that is okay.

It is okay because in Matthew 19:26 (AMP), Jesus tells the disciples, "With God, all things are possible." In Romans 8:28 (NKJ), we read, "And we know that all things work together for good to those who love God, who are called according to his purpose." If you are called, you can recover and finish well. It is time to realize you are not the same person today as you were yesterday. You will not even be the same tomorrow. In 2 Corinthians 5:17 (NIV), it says we are made new because of Christ. Therefore, if anyone is in Christ, he or she is a new creation; the old has gone, the new has come.

Being a new creation and leaving your doubt behind can leave you yearning for more. Faith is like a muscle. It needs to be worked out in our daily walks with Christ. As with any activity or "workout plan," your body gets thirsty from doing it. David was a great example of that. In Psalm 63:1 (NIV), he says, "O God you are my God, earnestly I seek you; my soul thirsts for you. My body longs for you, in a dry and weary land where no water is." David understood that without God, he could not be successful in his situation. He needed God's presence to be satisfied and continue his journey of faith. Without faith, it is impossible to please God. Without faith, it is impossible to have your thirst quenched and your abilities grow.

Faith is needed to satisfy the desire you have inside of you, the desire to be enough, the yearning to be satisfied within your soul. With faith, the desire you have to be *more* is possible. It is the intrinsic motivation needed to get you back on the bike and be that "super cyclist." Hebrews 11:1 (KJV) says, "Faith is the substance of things hoped for and the evidence of them not yet seen." It is the corner office, the investment property, the healing, the reunification. It is everything you doubted you could have or do in the physical and spiritual. When you operate in faith with the Spirit of God, you can overcome. You can overcome addiction, violence, self-harm, irrational thoughts, PTSD, and more. *You can with Christ!*

Above all taking the shield of faith wherewith ye shall be able to quench all of the fiery darts of the wicked. (Ephesians 6:16 KJV)

Your entire life, you have been facing mountains on your own. You have doubted yourself; you have given up on things you were once excited about. But that is now in the past. You still have the time you have right now. Deuteronomy 3:22 (KJV) says, "You shall not fear them, for it is the Lord your God who fights for you." Do not fear the things you failed at because you stopped trying. When you make the decision to try again, this time you are not alone. This time the Lord is fighting for you. He is helping you overcome self-doubt in every step you take. First Corinthians 3:16 (RSV) says, "Do you not know you are a temple of God, and the Spirit of God dwells in you?" Ephesians 2:10 (KJV) says, "For we are His workmanship, created in Christ Jesus for good works which God prepared beforehand that we should walk in them".

As believers, we were created for a time such as this: a time to overcome unbelief and doubt; a time when the world is yelling, and Christians are whimpering. We were called to stand up in faith and declare that we can, and we will, be successful and do the impossible. Our lives are full of choices: choices to move or be still, choices to speak up or quiet down, choices to doubt or believe. I choose to believe. I choose to believe and have faith and I hope you choose the same. Regardless of your past choices remember Romans 8:1: "There is no condemnation to them which are in Christ Jesus." You have been given an opportunity to prove to yourself that nothing is too difficult for you with Christ Jesus.

I can never go back to when I was five years old, nor do I want to. My unique experience has helped mold me to be who I am. Looking back was an opportunity to thank my Heavenly Father for never giving up on me and to thank my earthly father for always reminding me that he tried. I cannot blame him for me being thirty-four years old and not knowing how to ride a bike. He did what he could. I was the one who chose not to learn. Now, moving forward, I am aware that I need to step out of my own way and let God shine through me, and use my abilities however he sees fit.

> Remember this and stand firm, recall it to mind your transgressors, remember the former things of old for I am God and there is no other. I am God and there is none like me declaring the end from the beginning and from ancient times things not yet done saying my counsel shall stand and I will accomplish all my purpose. (Isaiah 46:8–11 ESV)

Allow yourself to be free in Christ and walk in his purpose and destiny. His will for you will happen; he knows your future and your past. Get out of your own way. Please him by having faith and in faith, you will accomplish all of your desires because the desires you have will then align with His desires for you.

Let the *Word* be your guide.

# Dare to Believe the Word of God

Rev. Alberto Rodríguez, Jr.

Dare to believe, dare to trust, dare to keep moving against all odds, dare to believe the Word of God. In reading and studying God's Word (the Bible), we see that there has never been a person in scripture who did not have challenges in his or her walk with God. Some challenges were personal, some were economical, some were due to health, and some were due to poor choices taken in life. I know that many of us fall into one of these categories. If I missed your category, please add it.

Many refer to chapter 11 of the Book of Hebrews as the chapter of faith. In this chapter, many of the people are called heroes of faith.

In Hebrews 11:5 (BLB), Enoch was changed from a man of flesh and blood, a natural man, into a spiritual man with a glorified body. Enoch was taken straight to heaven. This verse also shows us that he did not see death. Enoch's testimony pleased God. People are to understand that just because things in our life do not go according to our plans does not mean we are unable to enter different states of being. I am not referring to being changed like Enoch, but we can go from one state to another through the renewing of our minds. We need to get to a place where we please God. The Book of Romans 12:2 (BLB) tells us to "be not conformed to this world: but be ye transformed by the renewing of your mind, that you may prove what is that good and acceptable, and perfect, will of God." We can go from not believing into believing that God can. We can go from trying to rationalize everything to just leaving it to God. We can stop following our wills and start following God's will.

Sometimes in life, there are things we cannot understand. In 2020 and 2021, we all experienced a pandemic that caused many to become very sick; many died. COVID-19 claimed many lives. It changed the markets, changed the way things were done throughout this world, changed travel, our daily lives, and even what we wore.

In July of 2021, I was asked to take our church's praise and worship team to minister at a women's conference. My wife, my daughter, and the team ministered on Saturday, and I ministered on Sunday. It was a powerful weekend, lives were saved, and people were healed emotionally, physically, and spiritually. On Sunday I started feeling a bit strange physically and asked one of our pastors to please drive us to the church. On the way to the church, I asked to stop at a local pharmacy so that I could buy cough drops or something to soothe my throat. I did not have a fever or any symptoms that would lead me to believe I had COVID-19. I just thought I had a sore throat due to all the worshiping I did on Saturday during the conference.

Fast-forward to Tuesday of the following week. I received a call from one of our team members who had tested positive for COVID-19. Mind you I felt great. As instructed by my wife, I went to take the PCR test, which came back positive.

When the test results came back positive, I spoke to my workplace supervisor. I alerted our congregation that I tested positive for COVID-19. The doctor felt it was the Delta variant. Per the CDC guidelines, I quarantined myself. During a short number of days, I started feeling worse and started having fevers, coughing, and all the symptoms related to COVID-19. My wife wanted to take me to the hospital, but I resisted. I told her to wait one more day, please. I thought I could knock this COVID out in a few days. Little did I know it would knock me down but not out. Thank You, Jesus.

After nine days, my wife got me dressed because I could not do it myself. My body was too weak. I barely was able to speak. With the little strength I had and with the help of my wife, I was able to get into my vehicle and she drove me to the hospital. They rushed me into the ER, took my vitals, and advised my wife that my oxygen levels were under fifty and I needed to be admitted. Before they took me to the back, my wife advised me to be nice to the nurses (LOL). After several hours and many evaluations, the ER doctor came in and informed me that I had COVID-19 pneumonia in both lungs. He advised the best course of action was to intubate. My response was *no*; I refused. The doctor told me I should start breathing and get my oxygen levels up.

This was life or death!

As per hospital procedures during COVID, no visitors were allowed, not even family. I was on my own. It was a lonely time, with no personal contact. Nurses and doctors would deal with me, in what looked like alien uniforms. They were covered from head to toe with face masks, shields, gloves, and anything they could think of to protect themselves.

I would like to take a moment and thank all the first responders, doctors, and nurses for their support. Thank you from the bottom of my heart.

I was in the hospital for close to three weeks. During this time, I went through many emotions. I asked, *"Why me* I serve you, God, this was not supposed to happen." All kinds of thoughts and feelings went through my mind. One night in the hospital, I was staring at the wall and started seeing objects. These objects looked like little people laughing at me. I start hearing voices saying all kinds of things, like "Look at you," "You are going to die," and "Give me back my belt." There were many different voices. I started to pray and speak in faith.

While praying, I started to confess all my sins past, present, and future, if there was a future for me in this world.

I thought I was going to die.

Breathing was very difficult. A high-pressure oxygen mask was placed on me. My chest was pounding. I was feeling cold and wet. I just wanted to make sure I was going to see Jesus. The nurses came in and put another mask on me; now I had two different kinds of masks. When the nurses spoke, I could not understand what they were saying or what was going on. My response was "Okay." I could not say anything else. I did not have the breath to speak. I just said "Okay."

Thank God, that evening ended, and I was still alive. God gave me another day. The next day became a fighting day for me. I started saying to myself, *The enemy picked the wrong one, I'm not the one.* I started fighting back in faith. I got into another state of mind and started my faith fight. I started believing that I would make it. I truly believed all I had to do was say, "I am not the one. You picked the wrong one. In Jesus's name, I will live and not die!" I had my Enoch moment. I believed that I would not see death due to this COVID issue just as Enoch did not see death. My faith grew, even though my health was not good. My faith in a wonder working, miraculous, healing God started growing. My wife, my family, and my church family started bombarding heaven for me. I dared to believe the Word of God along with them. Hebrews 11:6 (BLB) says that "without faith, it is impossible to please him: for he, that cometh to God must believe that he is and that he is a rewarder of them that diligently seek him." Boy, did I seek Him! I was rewarded, Thank you Jesus for a second chance at life.

By God's grace, I have been able to write part of my story. I was three weeks in the hospital and had about five months of recovery. I am here giving this testimony to let you know that the enemy picked the wrong one. When the enemy attacks, have your Enoch moment.

The Bible is filled with people who went through many things in life but were overcomers. They dared to believe the Word of God no matter what.

Hebrews 11:7 (BLB) says, "By faith Noah being warned of God of things not seen yet moved with fear [not scared but to act cautiously and circumspectly] prepared an ark to the saving of his house; by the which he condemned the world and became heir of the righteousness which is by faith." In Romans 8:36–38 (BLB), it is written:

> "For your sake, we face death all day long; we are considered as sheep to be slaughtered. Nay, in all these things we are more than conquerors through him that loved us. For I am persuaded, that neither death, nor life, nor angels, nor principalities, nor power, nor things present, nor things to come, nor height, nor depth, nor any other creature, shall be able to separate us from the love of God, which is in Christ Jesus our Lord."

Be encouraged to dare to believe the Word of God. God is not done with you; you are still on this earth and God has a plan for you. Jeremiah 29:11 (BLB) states, "For I know the plans I have for you declares the Lord, plans to prosper you and not to harm you, plans to give you hope and a future." Amen to that. I am a witness! I am now stronger in my faith, and like I said before the enemy picked the wrong one.

Hallelujah, thank you, Lord.

Printed in the United States
by Baker & Taylor Publisher Services